ALFRED HUECK

Gedanken zur Reform des Aktienrechts
und des GmbH-Rechts

SCHRIFTENREIHE
DER JURISTISCHEN GESELLSCHAFT e.V.
BERLIN

Heft 11

Berlin 1963

WALTER DE GRUYTER & CO.

vormals G. J. Göschen'sche Verlagshandlung · J. Guttentag, Verlagsbuchhandlung
Georg Reimer · Karl J. Trübner · Veit & Comp.

Gedanken zur Reform des Aktienrechts und des GmbH - Rechts

Von

Dr. Dr. h. c. Alfred Hueck

o. Professor an der Universität München

Vortrag

gehalten vor der

Berliner Juristischen Gesellschaft

am 9. November 1962

Berlin 1963

WALTER DE GRUYTER & CO.

vormals G. J. Göschen'sche Verlagshandlung · J. Guttentag, Verlagsbuchhandlung

Georg Reimer · Karl J. Trübner · Veit & Comp.

Archiv-Nr. 2 727 63 3

Satz und Druck: ❦ Saladruck, Berlin 65

„Gedanken zur Reform des Aktienrechts und des GmbH-Rechts"; das könnte ein außerordentlich umfangreiches und weitschichtiges Thema sein. Ich möchte deshalb von vornherein betonen, daß es nicht in meiner Absicht liegt, Einzelprobleme der Reform zu erörtern, so verlockend das bei manchen Fragen sein könnte. Dazu reicht die zur Verfügung stehende Zeit nicht aus. Sondern ich möchte mich nach einem Überblick über den jetzigen Stand der Reformbestrebungen beschränken auf eine Erörterung der Bedeutung der Reform, der Gründe, die sie, wenn nicht unbedingt nötig, so doch sehr wünschenswert machen, und der Ziele, die sie verfolgt. Ich hoffe, daß ich auf diese Weise auch denjenigen unter Ihnen, die nicht Spezialisten des Gesellschaftsrechts sind, ein Bild von dieser so überaus wichtigen Reform des Rechtes unserer Kapitalgesellschaften geben kann.

I

Daß wir mitten in einer Reform des Aktienrechts stehen, wird Ihnen allen bekannt sein. Der Regierungsentwurf eines Aktiengesetzes nebst Begründung ist dem Bundestag schon 1960 zugeleitet worden, konnte aber aus Zeitmangel in der vorigen Legislaturperiode nicht mehr erledigt werden. Die Regierung hat deshalb den Entwurf dem jetzigen Bundestag erneut vorgelegt, und zwar, um Zeit zu sparen, völlig unverändert. Die mannigfache Kritik, die der Entwurf inzwischen erfahren hat, soll erst in den Ausschußberatungen des Bundestages berücksichtigt werden. Hoffentlich geschieht das in ausreichendem Maße, denn wenn m. E. dem Entwurf auch grundsätzlich zuzustimmen ist, so sind doch eine Reihe seiner Bestimmungen, zum mindesten in Einzelheiten, noch verbesserungsbedürftig. Es wäre sehr erfreulich, wenn es gelingen würde, den Entwurf in der jetzigen Legislaturperiode zu verabschieden; sicher ist das allerdings keineswegs, da eine Reihe sehr umstrittener Fragen Anlaß zu heftigen Debatten geben können. Ich nenne vor allem die erstmalige Regelung des

Konzernrechts, ferner die Machtverteilung zwischen Hauptversammlung und Verwaltung, die Neuregelung der Bildung
von stillen und offenen Reserven, die Verstärkung des Schutzes
der Minderheiten und der Kleinaktionäre, Publizitätsfragen
usw. Dazu besteht die Gefahr, daß auch die Fragen der Mitbestimmung der Arbeitnehmer im Aufsichtsrat, genauer die
Forderungen der Gewerkschaften auf Erweiterung der Mitbestimmung, im Rahmen der Reform zur Sprache kommen
und dann die Reform mit einem sehr starken sozialpolitischen
Zündstoff belasten könnten. Der Entwurf will allerdings, m. E.
mit Recht, diese Fragen bei der Aktienrechtsreform ausscheiden,
worauf noch zurückzukommen sein wird. Gelingt es, wie wir
hoffen wollen, aller dieser Schwierigkeiten Herr zu werden, so
könnte in absehbarer Zeit mit dem Ersatz des Aktiengesetzes
von 1937 durch ein völlig neues modernes Aktiengesetz gerechnet werden.

Das GmbH-Recht ist in gewissem Sinne noch reform-
bedürftiger. Denn es ist immer noch das ursprüngliche Gesetz
von 1892, das, wie Sie sich erinnern werden, die Rechtsform
der GmbH neu geschaffen hatte, in der Fassung von 1898
maßgebend. Die Ende der 30er Jahre geplante grundsätzliche
Reform ist nicht mehr zustande gekommen. Es fehlt also die
dringend notwendige Anpassung des GmbH-Rechtes an das
1937 reformierte Aktienrecht. Das GmbH-Recht ist gewissermaßen noch auf einer früheren Stufe der Entwicklung stehen
geblieben. Daraus ergibt sich ein bedauerlicher Zwiespalt in der
Behandlung unserer beiden Hauptformen der Kapitalgesellschaften, der schon zu manchen Schwierigkeiten geführt hat.
Denn das GmbHG enthält bekanntlich zahlreiche Lücken, die
man vielfach durch analoge Heranziehung aktienrechtlicher Regeln auszufüllen pflegte, und so ergab sich naturgemäß die Frage,
wie weit man seit 1937 dafür die Normen des neuen AktG
heranziehen darf. Sollte jetzt wieder ein neues AktG ohne
gleichzeitige Reform des GmbH-Rechts geschaffen werden, so
würden sich diese Schwierigkeiten erheblich erhöhen. Namentlich im Konzernrecht würde eine auf die AG beschränkte
Regelung erheblichen Bedenken unterliegen, spielt doch die
GmbH im Konzernrecht eine nicht unwesentliche Rolle. Auch
könnte der schon heute spürbare Drang, bei Neugründungen

die GmbH zu bevorzugen und bestehende AG in GmbH um-
zuwandeln, sich unter Umständen in einem recht unerfreu-
lichen Umfang verstärken.

Ein erster Punkt, der mir sehr am Herzen liegt, ist deshalb
die Forderung, der Aktienrechtsreform möglichst bald eine
Reform des GmbH-Rechts folgen zu lassen. Vielleicht wäre es
sogar am besten, beide Gesetze gleichzeitig in Kraft treten zu
lassen.

Die Bundesregierung hat denn auch mit den Vorbereitungen
begonnen. Der Bundesjustizminister hat im Oktober 1958
einen Sachverständigenausschuß für die Reform des GmbH-
Rechts berufen, dem ich auch angehört habe. Wir haben im
Mai dieses Jahres unsere Beratungen abgeschlossen, und es ist
zu erwarten, daß nunmehr ein Regierungsentwurf ausgearbeitet
werden wird.

M. E. wäre es sehr zu begrüßen, wenn dem Bundestagsaus-
schuß, der die Reform des Aktienrechts zu beraten hat, schon
jetzt das Material für die Reform des GmbH-Rechts zur Verfügung gestellt würde, damit die Regeln für die beiden Kapitalgesellschaften aufeinander abgestimmt und so von vornherein
ein von einheitlichen Grundgedanken getragenes und in seinen
Teilen harmonisch gegliedertes Recht der Kapitalgesellschaften
geschaffen wird. Um nur einen Punkt hervorzuheben: Man
kann das AktG viel leichter auf die ausschließliche Regelung
einer Gesellschaftsform für Großunternehmen konzentrieren,
wenn man sicher ist, daß das neue GmbHG eine alle Bedürfnisse
der kleineren und mittleren Unternehmen wirklich befriedi-
gende Gesellschaftsform zur Verfügung stellt.

II

Wenden wir uns nunmehr der Bedeutung des geplanten
Reformwerks zu. Schon rein äußerlich würde eine Neuregelung
des Aktienrechts und des GmbH-Rechts wohl das umfang-
reichste Gesetzgebungswerk der Bundesrepublik auf dem Gebiet
des Privatrechts darstellen. Der Entwurf des AktG umfaßt
zusammen mit dem EG allein 436 Paragraphen.

Aber es kommt natürlich nicht auf die Paragraphenzahl an,
sondern auf die Bedeutung der beiden Gesellschaftsformen für

unser ganzes Wirtschaftsleben. Sie ist nicht ganz leicht zu beurteilen, sollte aber nicht unterschätzt werden, wie es nicht ganz
selten geschieht. Vielleicht darf ich deshalb einige Ziffern an-
führen, da die Bedeutung gerade dieser Reform ohne Einblick
in die Rechtstatsachen schwer zu beurteilen ist.

Es ist mir im In- und Ausland immer wieder begegnet, daß
die Zahl der deutschen AG viel zu hoch angenommen wird.
Sie betrug Ende 1960 nur 2332, und sie ist in ständigem Sinken
begriffen; noch 1960 hat sie sich um 47 verringert. Noch in
den 20er Jahren zählte die Statistik rund 17 000 AG in Deutschland. Wir stehen also vor der erstaunlichen Tatsache einer Ver-
ringerung auf weniger als $1/7$.

Aber Statistiken täuschen leicht, wenn man bei ihrer Benutzung nicht vorsichtig ist. Es wäre ein völliger Trugschluß,
wenn man aus den genannten Ziffern auf einen Rückgang der
Bedeutung der AG in der deutschen Volkswirtschaft schließen
wollte. Das Gegenteil ist richtig. Denn es kommt natürlich
nicht auf die Zahl der Gesellschaften an, sondern auf das von
ihnen verwaltete Vermögen. Das aber ist erheblich gestiegen.
Die 17 000 AG hatten Mitte der 20er Jahre ein Gesamtnennkapital von ca. 19 Milliarden M, während das Nennkapital der
2332 AG Ende 1960 30,4 Milliarden DM betrug. So gesehen
steht die AG ohne jeden Zweifel an der Spitze nicht nur der
Kapitalgesellschaften, sondern überhaupt aller Unternehmens-
formen.

Aber das ist nicht alles. So stattlich die Summe von 30,4 Milliarden DM auch ist, so gibt doch der bloße Nennbetrag des
Aktienkapitals den wirklichen Wert des von den AG verwal-
teten Vermögens nicht entfernt wieder. Infolge der großen
offenen und vor allem stillen Reserven, wie sie heute fast über-
all üblich sind, pflegt der wirkliche Wert des im Unternehmen
einer AG arbeitenden Kapitals um ein Vielfaches höher als das
Nennkapital zu sein, und zwar ist heute aus einer ganzen Reihe
von Gründen der Unterschied zwischen Nennkapital und
wirklichem Wert wesentlich größer als früher[1].

---

[1] Das trifft nicht nur für Deutschland zu. Z. B. betragen bei der größten
amerikanischen AG (General Motors) die in der Bilanz ausgewiesenen
Reserven zur Zeit das 6,7-fache des Aktienkapitals. Das ausgewiesene Eigenkapital besteht also nur zu 13 % aus Aktienkapital, zu 87 % aus Reserven.

Aus naheliegenden Gründen versagt hier die Statistik. Man
könnte vielleicht einen gewissen, allerdings sehr ungenauen
Anhaltspunkt in den Börsenkursen der Aktien erblicken. Aber
sie haben bekanntlich in der letzten Zeit sehr geschwankt.
Würde man die Kurse zur Zeit des Höhepunktes der Aktien-
hausse zugrunde legen, so könnte man auf eine Ziffer von
150—200 Milliarden kommen; heute würde der Betrag weit
niedriger liegen, ohne daß sich die Substanz der Vermögen der
AG geändert zu haben braucht. Aber der Kurswert der Aktien
deckt sich auch ohnehin nicht mit dem wirklichen Wert der
Unternehmen. Man müßte z. B. berücksichtigen, daß infolge
der starken Verschachtelung der deutschen AG — man hat
geschätzt, daß ca. 80 % irgendwie konzernverflochten sind —
ein großer Teil der Aktien im Besitz anderer AG sind, so daß
sie bei unserer Berechnung mehrfach erscheinen. Auf der anderen Seite ist bei der ständigen Steigerung aller Preise (Grund-
stückspreise, Maschinenpreise, Baukosten usw.) der heutige
Neubauwert der Unternehmen sicher außerordentlich viel
höher als die für die Bilanzen maßgebenden früheren Errich-
tungskosten, gar nicht zu reden von dem nicht bilanzfähigen
inneren Geschäftswert. Berücksichtigt man weiter, daß fast
jede AG nicht nur mit Eigenkapital, sondern auch mit fremden
Mitteln (Obligationenanleihen, Bankkredit, Hypothekarkredit,
Lieferantenkredit usw.) arbeitet, daß zu den AG die GmbH
mit einem Gesamtnennkapital von über 13 Milliarden hinzu-
kommen, für die ganz Ähnliches gilt, daß endlich auch die
öffentliche Hand einen großen Teil der ihr ganz oder teilweise
gehörenden Betriebe in die Form einer Kapitalgesellschaft ge-
kleidet hat, so wäre es zwar überheblich, bei so viel Unsicher-
heitsfaktoren eine Gesamtziffer nennen zu wollen, aber es
kann nicht der geringste Zweifel bestehen, daß ein sehr erheblicher Teil des in der deutschen Wirtschaft arbeitenden Kapitals
von den Kapitalgesellschaften beherrscht und verwaltet wird.
Lassen Sie mich das noch durch eine ganz andere Ziffer er-
gänzen: Vom Gesamtumsatz der Industrie entfielen nach der
letzten amtlichen Statistik nicht weniger als 62 % auf die Kapitalgesellschaften. Erst wenn man das alles berücksichtigt, erhält
man ein Bild davon, welche außerordentlich große Bedeutung

die Kapitalgesellschaften heute im Rahmen der deutschen Wirtschaft haben.

Daraus ergibt sich dann auch die Bedeutung unserer Reform. Nun hat man allerdings häufig gesagt, das AktG und das GmbHG seien bloße Organisationsgesetze, d. h. Gesetze, die lediglich die Rechtsform für bestimmte Unternehmen zu ordnen hätten. Ich halte das nicht für richtig. Natürlich regeln die Gesetze a u c h die Organisation der Kapitalgesellschaften, und man sollte insoweit nicht verkennen, wie wichtig eine gut funktionierende zweckmäßige Organisation für jedes Unternehmen ist und zwar nicht nur in technischer und kaufmännischer, sondern auch in rechtlicher Hinsicht. Wer häufiger mit schlecht durchdachten Gesellschaftsverträgen und -satzungen zu tun hat, der weiß nur allzu gut, welche Unsumme von Reibungen und Streitigkeiten und daraus resultierenden Schäden für die Gesellschaftsunternehmen sich daraus ergeben können und welchen Nutzen deshalb gute gesetzliche Organisationsvorschriften haben können. Aber die Reform beschränkt sich keineswegs auf bloße Organisationsvorschriften. Sie verfolgt vielmehr weitreichende wirtschaftspolitische, sozialpolitische, gesellschaftspolitische und damit auch rechtspolitische Ziele, die m. E. von grundlegender Bedeutung sind. Sie will zahlreiche, tief in die materiellrechtliche Lage der Gesellschaften und der Gesellschafter eingreifende Fragen lösen, und zwar nicht nur nach bloßen Zweckmäßigkeitserwägungen, sondern im Sinne echter sozialer Gerechtigkeit. Das vor allem gilt es zu erkennen, denn daraus ergibt sich, daß die Reform nicht bloßen Rechtstechnikern des Gesellschaftsrechts überlassen werden kann.

Ich kann das hier nicht im einzelnen ausführen, ich muß mich mit einigen Schlagworten begnügen, die aber vielleicht das Gesagte etwas anschaulicher machen können: Schutz der Kleinaktionäre, Minderheitenschutz, Gläubigerschutz, Schutz des Aktien kaufenden Publikums, Arbeitnehmeraktien, Volksaktien, Partnerschaft und Mitbestimmungsrecht der Arbeitnehmer, Publizitätsprobleme, Machtzusammenballung und Machtmißbrauch im Einzelunternehmen und vor allem im Konzern usw.

III

Ich kehre noch einmal zu unsern Ziffern zurück. 1926 17 000 AG mit einem Gesamtnennkapital von ca. 19 Milliarden M, 1960 2332 AG mit einem Gesamtnennkapital von 30,4 Milliarden DM. Diese Zahlen zeigen zugleich, und das ist für die Reform des Aktienrechts m. E. von ganz entscheidender Bedeutung, daß die kleineren und mittleren AG in Deutschland zwar nicht völlig verschwunden, aber doch fast bedeutungslos geworden sind. Die AG ist heute in Deutschland die typische Gesellschaftsform für das Großunternehmen. Betrug das Durchschnittskapital einer AG 1926 1,1 Millionen M, so beträgt es heute fast 13 Millionen DM[2]. Das neue AktG braucht deshalb auf kleine und mittlere Unternehmen keine Rücksicht mehr zu nehmen, es kann seine Rechtsnormen auf das Großunternehmen zuschneiden und deshalb Anforderungen stellen (z. B. in Bezug auf Formvorschriften, Bilanzprüfung, Publizität usw.), die für Großunternehmen erforderlich sind, denen ein Großunternehmen aber auch gewachsen zu sein pflegt. Die Reform kann, anders ausgedrückt, die große Publikumsgesellschaft, die für ihren Kapitalbedarf den allgemeinen Markt in Anspruch nimmt, zum Leitbild wählen[3].

Umgekehrt ist es bei der GmbH. Ihre Zahl hat in den letzten Jahrzehnten sehr geschwankt, wofür namentlich steuerliche Gesichtspunkte maßgebend waren. In den 20er Jahren ist sie infolge der Erzbergerschen Steuerreform (Einführung einer relativ niedrigen Körperschaftssteuer), aber auch infolge der undurchsichtigen wirtschaftlichen Verhältnisse der Inflationszeit, die eine Abneigung gegen eine unbeschränkte persönliche Haftung mit sich brachte, sprunghaft gestiegen, in den 30er Jahren dagegen infolge des Kampfes des Nationalsozialismus gegen die „anonyme Kapitalgesellschaft", der sich in einer steuerlichen Begünstigung der Personengesellschaften auswirkte,

---

[2] Ende 1961 war es auf 14,5 Millionen DM gestiegen.
[3] Dabei ergeben sich zwei grundsätzliche Möglichkeiten: die von einem oder mehreren Großaktionären, häufig von einem Konzern beherrschte AG, bei der neben den Mehrheitsaktionären mehr oder weniger zahlreiche Kleinaktionäre vorhanden sind, und die AG mit völlig gestreutem Aktienkapital, die Publikumsgesellschaft im engeren Sinn (vgl. dazu die etwas andere Einteilung bei Wiethölter, Das Frankfurter Publizitätsgespräch 1962 S. 37). Zwischen diesen beiden Formen gibt es zahlreiche Abstufungen.

sehr stark zurückgegangen. Seit 1945 erfolgte ein neues Ansteigen, das bis heute anhält.

Ende 1960 betrug die Zahl 35 430 mit einem Gesamtnennkapital von 13,5 Milliarden DM[4]. Das bedeutet: Die Zahl der GmbH ist heute mehr als 15mal so groß als die der AG, das Gesamtnennkapital erreicht dagegen noch nicht einmal die Hälfte. Die einzelne AG hat somit im Durchschnitt ein 33mal so großes Nennkapital als die GmbH. Gegenüber 13 000 000 DM dort hier ein Durchschnittskapital von 380 000 DM. Die GmbH ist deshalb heute die typische Gesellschaftsform für kleinere und mittlere Unternehmen, sofern kein Gesellschafter eine unbeschränkte persönliche Haftung übernehmen will. Das Leitbild, das uns bei den Beratungen im GmbH-Ausschuß vorgeschwebt hat, ist die aus wenigen Gesellschaftern bestehende Gesellschaft, die untereinander und zum Gesellschaftsunternehmen enge persönliche Beziehungen unterhalten.

Diese Tatsache bedingt heute die wichtigsten Unterschiede zwischen Aktienrecht und GmbH-Recht, während sich daraus, daß beide Kapitalgesellschaften sind, die gemeinsamen Grundlinien ergeben.

Natürlich gibt es Ausnahmen. Es gibt noch kleinere und mittlere AG, namentlich Familien-AG, aber man braucht m. E. auf sie bei Schaffung des neuen AktG keine Rücksicht mehr zu nehmen. Sind ihnen die Vorschriften des AktG zu kostspielig oder zu unbequem, so mögen sie sich in eine GmbH oder KG umwandeln, was heute nach den Vorschriften des Umwandlungsrechts keine Schwierigkeiten macht. Umgekehrt gibt es echte Großunternehmen in der Form der GmbH; ich brauche nur auf das Beispiel der Robert Bosch GmbH hinzuweisen, die an Kapitalkraft wie an wirtschaftlicher Bedeutung zahlreiche AG übertrifft.

Wir haben im GmbH-Ausschuß lange überlegt, wie man die große GmbH behandeln soll. Man könnte ganz radikal vorgehen und bestimmen, daß alle Kapitalgesellschaften, deren Nennkapital eine bestimmte Grenze, etwa 5 000 000 DM über-

---

[4] Ende 1961 war die Zahl im Bundesgebiet ohne Berlin auf 38 818 mit einem Gesamtnennkapital von 16,7 Milliarden DM gestiegen.

steigt — die Schweiz kennt sogar eine Grenze von 2 000 000 Fr[5] —, die Form der AG annehmen müssen, und man könnte umgekehrt für die AG ein Mindestkapital von 5 000 000 DM festsetzen. Dann wäre die Trennungslinie ganz scharf. Wir haben uns aber für eine solche radikale Lösung nicht entscheiden können. Vielmehr soll im Hinblick auf die Mannigfaltigkeit der im Wirtschaftsleben hervortretenden Bedürfnisse den Beteiligten die Wahl der Gesellschaftsform nach wie vor offenstehen. Auch in Zukunft soll kleineren Gesellschaften die Form der AG nicht verwehrt werden. Der Regierungsentwurf sieht im Anschluß an das geltende Recht nur ein Mindestkapital von 100 000 DM vor[6]. Das deckt sich mit der Stellungnahme der ausländischen Rechte, die entweder überhaupt kein Mindestkapital kennen oder es so gering bemessen, daß der Gegenwert von 100 000 DM nicht überschritten wird[7]. Im umgekehrten Fall, also bei der großen GmbH, besteht die Gefahr, daß sich Großunternehmen der scharfen Kontrolle des AktG zu entziehen suchen. Trotzdem haben wir im GmbH-Ausschuß geglaubt, die Wahl der Gesellschaftsform auch insoweit nicht einschränken zu sollen. Die Erfahrung hat gezeigt, daß auch bei Großunternehmen die Form der GmbH zweckmäßig sein kann, sofern der offene Kapitalmarkt nicht in Anspruch genommen werden soll, z. B. bei Unternehmen, die sich ganz oder doch überwiegend noch im Familienbesitz befinden, oder bei Zweigunternehmen ausländischer Großkonzerne usw.

Für diese Fälle ist aber sorgfältig zu prüfen, ob die großen GmbH nicht in gewissem Umfang aktienrechtlichen Regeln unterstellt werden sollen. Schon das BetrVG vom 11. Oktober 1952 hat einen solchen Schritt in Bezug auf die Aufsichtsratspflicht der GmbH getan, indem es im scharfen Gegensatz zum bisherigen Recht, das für die GmbH nur einen fakultativen Aufsichtsrat kannte, für alle GmbH mit mehr als 500 Arbeitnehmern obligatorisch einen Aufsichtsrat vorschrieb, um die Mitbestimmung der Arbeitnehmer im Aufsichtsrat zu gewährleisten, also nicht aus gesellschaftsrechtlichen, sondern aus arbeitsrechtlichen Gründen. Heute ist besonders umstritten die

---

[5] Vgl. Art. 773 Schweizer Obligationenrecht.
[6] Vgl. § 7 des Regierungsentwurfs eines AktG.
[7] Vgl. S. 98 der Begründung zum Entwurf eines AktG.

Frage, ob die Bilanzprüfungspflicht und die Publizitätsvorschriften auf größere GmbH ausgedehnt werden sollen. Ich
persönlich möchte in Übereinstimmung mit der Mehrheit des
GmbH-Ausschusses die Frage bejahen, allerdings die Grenze
wesentlich höher ansetzen als im BetrVG, so daß nur wirkliche
Großunternehmen betroffen werden, d. h. solche, bei denen
im Fall des Zusammenbruches so starke volkswirtschaftliche
und sozialpolitische Interessen berührt werden, daß die öffentliche Hand eingreifen müßte. Bei einer solchen Größe des
Unternehmens sollte man fordern, daß für solche Eingriffe
nicht bis zum Zusammenbruch gewartet wird, sondern daß sie
schon vorher einer gewissen Kontrolle der Öffentlichkeit unterstellt werden. Es steht also nicht wie bei der AG das Schutz-
bedürfnis der Gesellschafter und der Gläubiger im Vordergrund, die auch für die kleinere AG Bilanzprüfungspflicht und
Publizitätsvorschriften rechtfertigen, sondern es kommen lediglich volkswirtschaftliche Interessen in Betracht, die erst bei
wirklichen Großunternehmen eingreifen. Wo die Grenze liegt,
ist allerdings zweifelhaft. Man hat gesagt, daß nicht schon das
einfache Großunternehmen, sondern erst das Vorhandensein
eines Mammutunternehmens derartige Zwangseingriffe bei der
GmbH rechtfertige.

Auch der Maßstab, an dem die Größe des Unternehmens zu
messen ist, erscheint zweifelhaft. Sicher kann nicht auf das
Nennkapital abgestellt werden, da dieses gerade bei der GmbH
künstlich klein gehalten werden kann. Am besten dürfte wohl
im Anschluß an einen in etwas anderem Zusammenhang ge-
machten sozialdemokratischen Vorschlag[8] eine Kombination
aus Umsatz, Bilanzsumme und Arbeitnehmerzahl sein und zwar
so, daß ein Großunternehmen bejaht wird, wenn zwei dieser
Ziffern die vorgeschriebene Grenze erreichen.

Weitere Fragen betreffen die Ausdehnung der Konzernbe-
stimmungen auf die GmbH, doch sollen Konzernprobleme
entsprechend einem Wunsch Ihres Herrn Vorsitzenden mit
Rücksicht darauf, daß Professor Würdinger in diesem Kreis vor
nicht allzu langer Zeit über Konzernfragen gesprochen hat,
heute nicht näher erörtert werden.

---

[8] Vgl. Art. II der Bundestags-Drucksache 2278.

IV

In Deutschland ist also heute die AG die typische Form der Kapitalgesellschaft für das Großunternehmen, die GmbH dagegen für das mittlere und kleine Unternehmen. Das ist nicht selbstverständlich. Es ist, wie ich schon erwähnte, auch in Deutschland früher anders gewesen; wir haben früher zahlreiche kleinere und mittlere AG gehabt. Erst die Entwicklung seit Beginn der 30er Jahre, das schon geschilderte allmähliche Absinken der Zahl der AG von 17 000 auf 2332, hat dazu geführt, daß die AG sich in der Hauptsache auf Großunternehmen beschränkt.

Ganz anders ist es noch heute im Ausland. Nicht alle Rechte kennen eine der GmbH entsprechende Gesellschaftsform, die bekanntlich im Gegensatz zu allen anderen Gesellschaftsformen nicht historisch geworden, sondern eine deutsche „Erfindung" aus den 90er Jahren des vorigen Jahrhunderts ist. Aber auch in solchen Ländern, in denen die GmbH übernommen worden ist, ist die Entwicklung vielfach eine ganz andere gewesen. Das ist für die Fragen der Rechtsvergleichung und einer mehrfach vorgeschlagenen Rechtsvereinheitlichung oder doch Rechtsannäherung sehr wesentlich. Ich möchte die Lage deshalb am Beispiel der mir etwas näher bekannten Schweizer Verhältnisse erläutern.

Die Schweiz kennt seit 1936 eine gut ausgebildete gesetzliche Regelung der GmbH in den Art. 772—827 des revidierten OblR. Trotzdem spielt die GmbH im Schweizer Wirtschaftsleben eine sehr geringe Rolle. Ende 1961 gab es in der Schweiz nur 1750 GmbH mit einem nominellen Stammkapital von 145 000 000 Fr.[9], wobei noch zu berücksichtigen ist, daß ein erheblicher Teil wirtschaftlich gesehen Filialen von ausländischen Unternehmen darstellt oder auch der Beteiligung deutschen Fluchtkapitals ihre Entstehung verdankt. Dem stehen 36 251 AG mit 16,6 Milliarden Nennkapital gegenüber. Die Zahl der AG ist also in der Schweiz 20mal so groß wie die der GmbH, das Gesellschaftsnennkapital sogar 114mal.

Ist also die Zahl der GmbH im Vergleich zu Deutschland

---

[9] Vgl. die Angaben bei F r o m e r , Die GmbH in der Schweiz, Rundschau für GmbH 1962 S. 177.

sehr gering, so ist die Zahl der AG erstaunlich groß, nämlich 15mal so groß wie in Deutschland. Berücksichtigt man, daß die Bevölkerungszahl in der Bundesrepublik rund 10mal so groß ist, so ergibt sich, daß auf den Kopf der Bevölkerung gerechnet die Zahl der AG 150mal so groß ist. Trotz des größeren Kapitalreichtums der Schweiz ist das nur möglich, weil es dort zahlreiche mittlere und kleinere AG gibt.

Fragt man nach den Gründen dieser Entwicklung, die so völlig entgegengesetzt zur deutschen verlaufen ist, so sind sie sehr mannigfaltig. Sicher spielen psychologische Gründe wie die vorsichtig konservative Einstellung der Schweizer Wirtschaft und historische Gründe wie die Nichtbeteiligung an den beiden Weltkriegen und ihren Folgen eine große Rolle. Als rechtliche Gründe dürften einerseits der gegenüber dem deutschen Recht liberalere und anpassungsfähigere Charakter des Schweizer Aktienrechts im Vordergrund stehen und andererseits die Unterstellung der GmbH unter die Vorschriften des Aktienrechts über Bilanzen und Reservefonds und nicht zuletzt die ungünstige steuerliche Behandlung der GmbH.

Ich erwähne diese Einzelheiten, um Ihnen darzulegen, wie schwierig auf einem so komplizierten Rechtsgebiet, wie es das moderne Gesellschaftsrecht darstellt, die Probleme der Rechtsvergleichung und vor allem die Benutzung ausländischen Rechts für die Reform des eigenen Rechts sind. Es liegt auf der Hand, daß in einem Land, das nur eine Form der Kapitalgesellschaft kennt, die Probleme, vor denen der Gesetzgeber bei der Regelung dieser Form steht, ganz anders liegen als in einem Land, das der Wirtschaft zwei Formen, AG und GmbH, zur Auswahl zur Verfügung stellt. Es ist aber auch dann ähnlich, wenn zwar die Rechte beider Länder zwei Formen kennen, in dem einen Land (Deutschland) aber die AG im wesentlichen nur für Großunternehmen eine Rolle spielt, in dem anderen (Schweiz) dagegen herkömmlicherweise die AG in sehr erheblichem Umfang auch von kleineren und mittleren Unternehmen benutzt wird.

Schon eine so einfache Frage, wie die, ob man für die AG ein Mindestkapital festsetzen soll und bejahendenfalls in welcher Höhe, hat für beide Rechte eine ganz verschiedene Bedeutung. Würde man in Deutschland ein Mindestkapital von 1 000 000 DM vorschreiben, so würde das praktisch nicht viel ändern; in der Schweiz dagegen, in der das Durchschnittskapital der AG 450 000 Fr. beträgt, also mutmaßlich weit über die Hälfte aller AG ein Nennkapital von einer Million Fr. nicht erreicht, würde die gleiche Bestimmung eine Revolution im Bereich der Gesellschaftsformen hervorrufen[10].

Oder um ein anderes Beispiel zu nennen: Das Schweizer Aktienrecht kennt keinen obligatorischen Aufsichtsrat, sondern nur zwei notwendige Organe. Das wird, wenn man an die große Zahl der kleinen AG denkt, sofort verständlich. Es ist aber interessant, daß in den größeren AG der Schweiz der Verwaltungsrat die eigentliche Geschäftsführung meist auf Direktoren überträgt[11] und sich selbst die Aufsicht, die Zustimmung zu besonders wichtigen Maßnahmen sowie Bestellung und Abberufung der Direktoren vorbehält, so daß zwischen der tatsächlichen Organisation bei größeren AG trotz der verschiedenen gesetzlichen Regelung in Deutschland und in der Schweiz gar nicht ein so großer Unterschied besteht, wie es nach den gesetzlichen Vorschriften den Anschein haben könnte. Demgegenüber begnügt sich die kleinere Schweizer AG mit zwei Organen und entspricht somit der kleinen deutschen GmbH.

Trotzdem ist es selbstverständlich, daß man heute keine grundlegenden wirtschaftsrechtlichen Gesetze schaffen kann, ohne das ausländische Recht zum Vergleich heranzuziehen und die Ergebnisse unserer rechtsvergleichenden Wissenschaft zu verwerten. So haben auch wir im GmbH-Ausschuß uns in dieser Richtung bemüht. In den meisten Referaten wurden die wichtigeren ausländischen GmbH-Gesetze, vor allem diejenigen von Österreich, Schweiz, Frankreich, Italien zum Vergleich

---

[10] Wenn deshalb die amtliche Begründung zu unserm Regierungsentwurf eines AktG, um das Festhalten an der Mindestgrenze von 100 000 DM für das Aktienkapital zu motivieren, sich u. a. darauf beruft, daß die Schweiz ein Mindestkapital von nur 50 000 Fr. vorsehe, so besagt das bei den ganz anderen tatsächlichen Verhältnissen in der Schweiz im Grunde genommen gar nichts und hat jedenfalls nur eine sehr geringe Beweiskraft.

[11] Die Möglichkeit dazu sieht Art. 717 Abs. 2 Schweizer OblR ausdrücklich vor. In Ermangelung besonderer Bestimmungen stehen allerdings Geschäftsführung und Vertretung allen Mitgliedern der Verwaltung gemeinsam zu (Art. 717 Abs. 3 OblR). Die näheren Bestimmungen über die Vertretungsmacht dieser Direktoren, die Eintragung ins Handelsregister und die Haftung der AG für von ihnen angerichteten Schaden (Art. 718, 720 OblR) entsprechen im wesentlichen unsern Vorschriften über den Vorstand.

herangezogen. Aber es hat sich immer wieder gezeigt, daß der bloße Gesetzestext in allen etwas schwierigeren Fragen wenig hilft, man müßte die praktische Wirkung der gesetzlichen Vorschriften, also die Rechtstatsachen, das Funktionieren der Gesellschaftsformen und der sie regelnden Normen in der lebendigen Wirklichkeit kennen, um überzeugende Schlüsse ziehen zu können. Und an dieser Kenntnis fehlt es leider sehr weitgehend, und auch die amtlichen Stellen waren nicht in der Lage, darüber Material zu beschaffen, ohne daß man ihnen Vorwürfe daraus hätte machen können. Liest man die Begründung zum Regierungsentwurf des Aktiengesetzes, so gewinnt man den Eindruck, daß es im Aktienrecht nicht viel anders gewesen ist, wenn man von einigen Sonderproblemen wie etwa den Kapitalbeschaffungsmethoden und den Publizitätsvorschriften absieht.

Darf ich in diesem Zusammenhang noch eine Erfahrung aus den letzten Jahren anschließen? Unsere jüngeren Kollegen haben zum Teil das Glück gehabt, mehr als es meiner Generation infolge von zwei Weltkriegen, Inflation, Wirtschaftskrise, Devisenzwangswirtschaft usw. möglich war, das fremde Recht durch längeren Aufenthalt an Ort und Stelle zu studieren. Das gilt in unserem Zusammenhang namentlich für das amerikanische Aktienrecht. In einer Reihe von Büchern und Aufsätzen haben sie uns wertvolles Material übermittelt, und es wäre nicht zu verantworten, wenn man bei der Reform unseres Rechtes daran vorübergehen würde. Aber auf der anderen Seite muß doch vor einer kritiklosen Übernahme fremden und insbesondere amerikanischen Rechtes gewarnt werden. Man soll aus fremden Erfahrungen lernen, aber man soll das in langer geschichtlicher Entwicklung gewordene eigene Recht nicht preisgeben. Man darf auch nicht vergessen, daß in Amerika die tatsächlichen Verhältnisse vielfach ganz anders liegen als bei uns. Und sodann ist zu berücksichtigen, daß für Deutschland gerade auf dem Gebiet des Wirtschaftsrechts, wenn schon eine Rechtsannäherung, dann diejenige an die EWG-Staaten zur Zeit wichtiger ist als diejenige an das amerikanische Recht. Es kommt hinzu, daß auch die geschichtliche Tradition in dieselbe Richtung weist. Die kontinentalen Gesellschaftsrechte entstammen derselben Wurzel und sind in ständiger

Wechselwirkung weiter entwickelt worden. Was insbesondere das Recht der Kapitalgesellschaften betrifft, so verdanken wir zunächst niederländischen, dann vor allem französischen, aber auch italienischen Einflüssen und Anregungen sehr viel, wie umgekehrt das deutsche allgemeine HGB und das deutsche GmbHG, aber auch die späteren deutschen Aktienrechtsreformen die anderen kontinentalen Rechte mehr oder weniger stark beeinflußt haben. Eine Annäherung innerhalb der kontinentalen Rechte und insbesondere derjenigen der EWG-Staaten erscheint deshalb als das Gebot der nächsten Zukunft[12]. Allerdings zeigt sich davon in den bisherigen Reformvorschlägen noch recht wenig. Zum mindesten aber sollte man eine Annäherung der kontinentalen Rechte nicht durch Übernahme von Rechtssätzen und Rechtseinrichtungen, die der kontinentalen Entwicklung fremd sind, erschweren.

Darüber hinaus erhebt sich, was hier nur kurz angedeutet werden kann, die Frage, ob man, wenn der wirtschaftliche Zusammenschluß greifbarere Formen annimmt, auf die Dauer nicht besondere Rechtsnormen für eine i n t e r n a t i o n a l e A G und eine i n t e r n a t i o n a l e G m b H oder doch wenigstens für Kapitalgesellschaften auf gemeinsamer EWG-Basis schaffen muß[13]. In dieser Hinsicht stehen die Überlegungen allerdings noch ganz in den Anfängen und finden in dem vorliegenden Entwurf eines AktG keinen Niederschlag. Das scheint mir auch berechtigt zu sein. Sorgen wir zunächst für ein gutes deutsches AktG, das unter sorgfältiger Berücksichtigung ausländischer Rechte auf den bewährten Grundlagen der deutschen Rechtsentwicklung aufbaut und dabei die Reformforderungen der heutigen Zeit erfüllt. Dann wird es Sache internationaler Verträge sein, aus den verschiedenen Rechten der EWG-Staaten, soweit dafür ein Bedürfnis besteht, Rechtsnormen für internationale Gesellschaften zu entwickeln.

---

[12] Ihr diente der vom 24.—26. April 1962 in Köln abgehaltene VII. Internationale GmbH-Kongreß mit dem Thema „Harmonisierung des Gesellschaftsrechts und Steuerrechts der GmbH in Europa". Vgl. den Bericht in der Rundschau für GmbH 1962 S. 109.
[13] Vgl. dazu D u d e n, Das Für und Wider einer europäischen GmbH, Rundschau für GmbH 1962 S. 76.

2*

V

Wir wenden uns nunmehr den Gründen zu, welche die Reform erforderlich machen. Um Zeit zu sparen, beschränke ich mich auf die Reform des Aktienrechts. Daß und warum eine Aktienrechtsreform auch eine Reform des GmbH-Rechts erforderlich macht, habe ich schon dargelegt.

Ich möchte mit einer negativen Feststellung beginnen. In in- und ausländischen Zeitungen kann man immer wieder lesen, das aus dem Jahre 1937 stammende AktG sei ein typisch nationalsozialistisches Gesetz; es sei endlich an der Zeit, dem demokratischen Gedanken auch im Leben der deutschen AG zum Siege zu verhelfen. Ich zitiere aus einer Schweizer Zeitschrift: „In der deutschen Bundesrepublik ist noch immer ein autoritäres Aktiengesetz aus dem Jahre 1937 in Kraft. In ihm steht nichts von moderner Aktiendemokratie und weitgehender Geschäftspublizität, wie sie die amerikanischen Industrieunternehmer kennen. Vielmehr gilt nach wie vor das F ü h r e r -p r i n z i p des allmächtigen Vorstandes, dem die Schäflein der Aktionäre Gehorsam schulden."

Ein solches Urteil, dem sich, wie gesagt, nicht wenige Urteile auch aus angesehenen deutschen Zeitungen zur Seite stellen lassen, ist, höflich ausgedrückt, sehr oberflächlich, indem es die Zeit der Entstehung des Gesetzes mit seinem Inhalt verwechselt.

Schon die Entstehungsgeschichte des AktG zeigt, daß derartige Urteile nicht richtig sind. Das AktG von 1937 ist entstanden aus der Notwendigkeit, die Mißstände im deutschen Aktienwesen, die in den 20er Jahren, also in der Inflationszeit und ihren Nachwirkungen, hervorgetreten waren, zu beseitigen, Mißstände, die die große Wirtschaftskrise Anfang der 30er Jahre zwar nicht verursacht, aber doch zu ihrer Verschärfung in Deutschland beigetragen haben; für die Älteren unter Ihnen erinnere ich nur an Fälle wie Danatbank, Nordwolle, Favag usw. Die Bestrebungen zu ihrer Bekämpfung gehen bis in die Mitte der 20er Jahre zurück[14]. Eine Teilreform brachte die Brüningsche Notverordnung von 1931. Das AktG von 1937 führte diese Reformbestrebungen zum Ziel; darin liegt seine Hauptbedeutung.

---

[14] Erwähnt seien die Verhandlungen der deutschen Juristentage in Heidelberg (1924) und Köln (1926).

Der Nationalsozialismus hatte ursprünglich etwas ganz anderes gewollt, nämlich die volle Beseitigung der AG als anonymer Kapitalgesellschaft. Es waren in der Anfangszeit des Nationalsozialismus sehr unklare, pseudoromantische, angeblich mittelstandsfreundliche Ideen, die dabei eine Rolle spielten: Der freie Unternehmer sollte mit seiner Persönlichkeit hervortreten, sollte offen die Verantwortung übernehmen und sich nicht hinter einer anonymen Kapitalmehrheit verstecken. Aber man mußte bald einsehen, daß das unausführbar war, wenn man nicht auf Großunternehmen verzichten oder alle Großunternehmen verstaatlichen wollte. Beides aber wollte man nicht. Und so hat man dann die Ausarbeitung des Gesetzes im wesentlichen angesehenen Aktienrechtlern und bekannten Persönlichkeiten des Wirtschaftslebens überlassen und sich damit begnügt, einige nationalsozialistische Phrasen einzubauen sowie die Stellung des Vorstandes gegenüber der Hauptversammlung zu stärken. Letzteres ist das sogenannte Führerprinzip, das auch in der zitierten Schweizer Zeitschrift wiederkehrt. Ich komme sogleich darauf zurück. Im übrigen aber hielt man an den bewährten, wenn Sie wollen, demokratischen Grundlagen des bisherigen deutschen Aktienrechts fest und führte nur die notwendigen, seit den 20er Jahren geforderten Reformen durch. Das AktG ist also zwar in der nationalsozialistischen Zeit entstanden, hat aber keinen nationalsozialistischen Inhalt.

Es ist denn auch bezeichnend, daß nach 1945 weder die Militärregierungen, noch deutsche Stellen, obwohl man unmittelbar nach dem Zusammenbruch gegen nationalsozialistisches Gedankengut sehr empfindlich war und alle nationalsozialistischen Gesetze beseitigte, ernsthaft an die Aufhebung des AktG von 1937 gedacht haben. Eine Rückkehr zum alten Aktienrecht von 1900 wäre auch zweifellos ein nicht zu verantwortender Rückschritt gewesen.

Ein Wort noch zum „Führerprinzip". Gewiß hat man den Vorstand in der Geschäftsführung unabhängiger gemacht und vor allem jeden Eingriff der Hauptversammlung in die eigentliche Geschäftsführung ausgeschlossen. Aber man darf die Bedeutung dieses Gesichtspunktes nicht überschätzen. Nicht der Wortlaut der Paragraphen entscheidet, sondern die tatsächlichen Machtverhältnisse. Die tatsächliche Macht liegt aber auch heute noch bei der Aktionärmehrheit und deshalb, wenn es zu einem Machtkampf kommt, in der Hauptversammlung. Denn diese wählt den Aufsichtsrat, der seinerseits den Vorstand beruft und entläßt. Besonders wichtig ist in diesem Zusammenhang, daß ein einfaches Mißtrauensvotum der Hauptversammlung ein wichtiger Grund für die sofortige Abberufung des Vorstandes ist[15]. Vorstand und Aufsichtsrat sind mit anderen Worten zwar nicht in ihren einzelnen Handlungen, wohl aber in ihrer gesamten Stellung, in ihrer Existenz, von der Hauptversammlung abhängig. Das aber ist naturgemäß entscheidend.

Wenn man also unter Aktiendemokratie die Herrschaft der Mehrheit der Aktionäre versteht, so steht auch das angeblich so autoritäre AktG von 1937 auf diesem Standpunkt. Aus diesem Grunde wäre also keine Reform erforderlich, und der Regierungsentwurf bringt denn auch in dieser Hinsicht keine grundlegende Änderung.

Des weiteren kann man auch nicht sagen, daß sich unter der jetzt fast 25jährigen Herrschaft des AktG besondere Mißstände gezeigt hätten, die unbedingt beseitigt werden müßten, wie das bei früheren Reformen des Aktienrechts, etwa 1870, 1884, 1931 und 1937 der Fall war. Das hebt auch die amtliche Begründung zum Regierungsentwurf ausdrücklich hervor[16].

Wo liegen dann aber die Gründe, die trotzdem nach heute fast allgemein geteilter Ansicht für eine Reform sprechen? Sie liegen, wenn man es kurz zusammenfassen will, in einem Wandel der wirtschaftlichen und sozialen Verhältnisse, wie er seit den 20er und 30er Jahren eingetreten ist, und sie liegen vielleicht noch mehr in einem Wandel der Vorstellungen darüber, welche Anforderungen an einen wirtschaftlich zweckmäßigen und sozial gerechten Aufbau unserer Wirtschaft zu stellen sind. Ein solcher Wandel muß gerade das Recht der Kapitalgesellschaften besonders stark beeinflussen, weil sie, wie wir sahen, eine so

---

[15] Vgl. Baumbach-Hueck AktG 11. Aufl. § 75 Anm. 5 C; zustimmend BGH Bd. 13 S. 192 und die heute herrschende Lehre; abweichend Duden BB 1961 S. 225 mit weiteren Angaben über Literatur und Judikatur. Anders ist es nur, wenn der Vertrauensentzug erkennbar aus völlig haltlosen Gründen erfolgt oder nur zum Vorwand der Abberufung dient oder willkürlich oder wegen seines Zweckes unrechtlich ist (vgl. BGH a. a. O.). § 81 Abs. 3 des Regierungsentwurfes eines AktG will eine entsprechende Vorschrift ausdrücklich in das Gesetz aufnehmen.

[16] Vgl. S. 93 der Begründung zum Entwurf eines AktG.

hervorragende Rolle im modernen Wirtschaftsleben spielen
und weil sie auch abgesehen von dieser großen tatsächlichen
Bedeutung besonders charakteristisch für die Wirtschaft in den
modernen Industriestaaten sind, gewissermaßen ihre repräsen-
tativste Erscheinung darstellen. Wie unendlich wichtig es aber
ist, dem Kommunismus ein gesundes, wirtschaftlich erfolg-
reiches, aber auch von wirklicher sozialer Gerechtigkeit getragenes Wirtschaftssystem der freien Welt gegenüber zu stellen,
das brauche ich hier in Berlin kaum besonders zu betonen.

VI

Es ist natürlich nicht möglich, in der kurzen, mir noch ver-
bleibenden Zeit das im einzelnen auszumalen. Ich muß mich
begnügen, einige Punkte als Beispiele kurz zu skizzieren.

1. In der Zeit vor dem ersten Weltkrieg betrug der Mindest-
betrag einer Aktie 1000 Goldmark. Bei einem Einkommen
eines Durchschnittsarbeiters von 1000 bis höchstens 2000 M
bestand natürlich in aller Regel keine Möglichkeit zum Erwerbe
einer Aktie, und dasselbe galt für andere breite Volksschichten.
Die Beteiligung an einer AG war einer verhältnismäßig gerin-
gen Zahl von Wohlhabenden vorbehalten. Dem steht heute die
namentlich von der CDU/CSU, aber keineswegs nur von ihr
vertretene Forderung gegenüber, immer weitere Kreise unseres
Volkes an dem Produktionsvermögen der Wirtschaft zu be-
teiligen und einer Massierung des Kapitals in den Händen
weniger Personen entgegenzuwirken, die Forderung, um ein
Schlagwort zu gebrauchen, nach breitester Streuung des
Eigentums auch auf dem Gebiet des Aktienwesens.
Das ist keine theoretische Forderung geblieben, sondern Ein-
richtungen wie Volksaktien, Arbeitnehmeraktien, Herabsetzung
des Nennwerts der einzelnen Aktien, Kapitalerhöhung aus
Gesellschaftsmitteln zur Vermehrung der auf dem Markt be-
findlichen Aktien und zur Verminderung des für eine Aktie
zu zahlenden Preises, Investmentgesellschaften usw. haben dazu
beigetragen, daß die Zahl der Aktionäre gewaltig gestiegen
ist und zwar auch in den Kreisen der Arbeitnehmer.

Man kann natürlich darüber streiten, ob und wieweit eine
solche Entwicklung zu begrüßen ist. Vor allem soll man darin

kein Allheilmittel für die Lösung der sozialen Frage erblicken.
Man kann durchaus die Frage aufwerfen, ob für den Arbeitnehmer nicht der Erwerb eines Eigenheims oder eines eigenen
Gartengrundstücks besser sei, zumal die letzten zwei Jahre uns
zur Genüge gezeigt haben, welche Rückschläge am Aktienmarkt
möglich sind. Aber die Verhältnisse liegen verschieden; nicht
alles paßt für jeden Arbeitnehmer, und so glaube ich doch, daß
hier e in Mittel neben manchen anderen zur Schaffung gesun-
derer sozialer Verhältnisse, zur Milderung der sozialen Span-
nungen, zur Förderung eines sozialen Ausgleichs vorliegt.
Jedenfalls aber geht die tatsächliche Entwicklung in der heutigen Zeit in diese Richtung.

2. Will man aber für die Aktien, dem Beispiel Amerikas
folgend, einen großen Markt in den breitesten Schichten des
Volkes schaffen, dann ist es naturgemäß mehr als je nötig, für
einen ausreichenden Schutz der Kleinaktionäre
und der Aktionärminderheiten zu sorgen. Das ist denn
auch eins der Hauptanliegen der Reform und zeigt sich in
zahlreichen Bestimmungen des Entwurfes.

a) So hält der Entwurf zwar in Fragen der Geschäftsführung
an der starken Stellung des Vorstandes im volkswirtschaftlichen
wie im eigenen Interesse gerade der wenig geschäftsgewandten
Kleinaktionäre fest — ich glaube mit Recht —, aber er wendet
sich gegen eine Übersteigerung dieser Macht, wie sie namentlich
in der vielfach vorhandenen Neigung zur möglichst weit-
gehenden Thesaurierung der Gewinne zum Ausdruck kommt.
Deshalb Reform des Rechts der Bilanzfestsetzung,
vor allem in Bezug auf die Bildung stiller und offener
Reserven und die Verwendung des Bilanzgewinnes.

b) Weiter soll die Kontrolltätigkeit des Aufsichtsrates gesteigert werden.

c) Besonders wichtig ist in diesem Zusammenhang, daß die
Rechenschaftspflicht der Verwaltung durch Verschärfung
der Publizitätsvorschriften erweitert werden soll. Gerade der Ausbau der Publizitätsvorschriften ist allerdings ein
besonders umstrittener Punkt, und zwar nicht nur im Aktienrecht, sondern auch im GmbH-Recht, insbesondere in Bezug
auf größere GmbH. Es fehlt leider die Zeit, darauf näher ein-
zugehen. Wir haben über diese Fragen in diesem Frühjahr bei

einer Zusammenkunft von Praktikern und Theoretikern eingehend diskutiert; die Vorträge und Diskussionsbeiträge sind unter dem Titel „Das Frankfurter Publizitätsgespräch" veröffentlicht worden. Interessenten darf ich darauf verweisen[17].

d) Hierher gehört ferner die Verbesserung des A u s k u n f t s r e c h t s des Aktionärs.

e) Hervorzuheben ist sodann die V e r s t ä r k u n g d e r R e c h t e d e r E i n z e l a k t i o n ä r e wie auch der sog. M i n d e r h e i t s r e c h t e und vor allem die Erleichterung ihrer Ausübung, z. B. in Bezug auf die Anfechtungsklage.

f) Endlich ist in diesem Zusammenhang auch die geplante Umgestaltung des D e p o t s t i m m r e c h t s der Banken zu nennen, wenn man m. E. auch bezweifeln kann, ob die Bestrebungen, die Teilnahme der einzelnen Aktionäre am Leben der AG zu aktivieren, Erfolg haben werden, und ob die Ausschaltung der Banken als bewährter Vertreter der Interessen der Kleinaktionäre, wie sie bei den Volksaktien in Betracht kommt, nicht mehr schadet als nützt.

3. Die AG ist eine Gesellschaftsform, die, wie ihre Geschichte immer wieder gezeigt hat, besonders leicht zu Mißbräuchen verführt. Manche solcher Mißbräuche sind durch frühere Reformen des Aktienrechts erfolgreich bekämpft worden. In der Gegenwart steht die Gefahr im Vordergrund, daß die Z u s a m m e n b a l l u n g g r o ß e r w i r t s c h a f t l i c h e r M a c h t i n d e n H ä n d e n w e n i g e r mißbraucht werden könnte. Eine Reihe von Gründen hat dazu geführt, daß der Wiederaufbau der deutschen Industrie nach 1945 weitgehend auf dem Wege der Selbstfinanzierung erfolgt ist. Das war in jener Zeit wohl unvermeidlich, begünstigte aber die Zusammenfassung großer Vermögen in den Händen verhältnismäßig weniger Großaktionäre. Dazu kam die Ihnen allen bekannte Konzentrationstendenz durch K o n z e r n b i l d u n g . Wie ich schon erwähnte, hat man geschätzt, daß etwa 80 % der deutschen AG irgendwie konzernverflochten sind. Auch den dadurch entstehenden Gefahren will der Entwurf entgegentreten, im Interesse der Aktionäre der einzelnen Unternehmen, die sonst leicht ein Opfer der allgemeinen Konzerninteressen werden können, wie

---

[17] Veröffentlicht im Fritz Knapp Verlag, Frankfurt a. M., 1962. Vgl. dazu S c h i l l i n g Betrieb 1962 S. 1497.

im volkswirtschaftlichen Interesse. Dem dienen die eingehenden konzernrechtlichen Vorschriften des Regierungsentwurfs; ich verweise insoweit auf den schon erwähnten Vortrag von Würdinger.

4. Je schärfer die aktienrechtlichen Vorschriften werden, um so notwendiger ist es, solchen Unternehmen, für die die bisherige Form der AG nicht mehr zweckmäßig erscheint, die Umwandlung in eine andere Gesellschaftsform zu erleichtern. Das führt zum Ausbau des Umwandlungsrechts, das bisher nur zum Teil im AktG, zum anderen Teil in einem besonderen Umwandlungsgesetz früher von 1934, jetzt von 1956, nicht immer ganz glücklich geregelt ist.

In diesem Zusammenhang darf ich auf die kürzlich ergangene Entscheidung des BVerfG in dem vielumstrittenen Feldmühle-fall[18] hinweisen, die die Verfassungsmäßigkeit des UmwG bejaht hat[19]. Ich halte die Entscheidung trotz der scharfen Kritik in verschiedenen Zeitungen und Zeitschriften[20] für sehr begrüßenswert. Aus der eingehenden Begründung möchte ich zwei Punkte hervorheben, die auch für die Aktienrechtsreform bedeutsam sind:

a) Das BVerfG betont mit Recht, daß das Recht des Aktionärs als wirtschaftliches Eigentum zwar auch durch Art. 14 GG geschützt werde, daß es aber mit dem Sacheigentum nicht auf die gleiche Stufe gestellt werden dürfe, sondern daß der Aktionär, wenn er sich mit seinem Vermögen an einer Gesellschaft beteilige, notwendig Bindungen eingehe und sich zwar nicht schrankenlos, aber doch in dem für den Gesellschaftszweck notwendigen Umfang der Mehrheitsherrschaft unterwerfe[21].

---

[18] Vgl. dazu einerseits Hueck, Zur Frage der Verfassungsmäßigkeit des Umwandlungsgesetzes, Betrieb 1960 S. 375; andererseits Fechner-Schneider, Verfassungwidrigkeit und Rechtsmißbrauch im Aktienrecht, Tübingen 1960 und 1962.

[19] BVerfG, 1. Senat vom 7. 8. 1962 — 1 BvL 16/60. Auszugsweise abgedruckt u. a. NJW 1962 S. 1667; Betrieb 1962 S. 1073; BB 1962 S. 900; Die Aktiengesellschaft 1962 S. 249.

[20] Vgl. u. a. Fechner, Die Aktiengesellschaft 1962 Heft 9. Dagegen stimmt Flume, Handelsblatt Nr. 157 vom 17./18. 8. 1962 der Entscheidung im Ergebnis zu.

[21] Vgl. die zitierte Entscheidung unter C II: „Als Vermögensrecht genießt die Aktie den Schutz des Art. 14 GG", aber (C II 2a): „Das in der Aktie verkörperte gesellschaftsrechtliche Eigentum ist in seinem Bestand gegen Beschlüsse der Mehrheit nicht unbedingt gesichert."

b) Und ferner erscheint mir wichtig, daß ein Gesetz noch nicht deshalb verfassungswidrig ist, weil seine Bestimmungen mißbraucht werden können. Solche Mißbräuche sind mit aktienrechtlichen Mitteln zu bekämpfen; soweit das Aktienrecht dafür ausreichende Mittel, im konkreten Fall eine Anfechtungsklage, zur Verfügung stellt, sollte man deshalb nicht den Verfassungrichter bemühen[22].

5. Endlich noch ein letzter Punkt, die Mitbestimmung der Arbeitnehmer in den Aufsichtsräten. Der Regierungsentwurf sieht hier von einer grundsätzlichen Neuregelung ab, m. E. mit Recht.

Eine grundsätzliche Reform der Mitbestimmung der Arbeitnehmer in den Organen größerer Unternehmen ist nicht Sache eines Gesetzes über eine einzelne Gesellschaftsform, sondern wenn man heute überhaupt schon eine solche grundsätzliche Reform des Mitbestimmungsrechts oder eine Erweiterung desselben, wie sie die Gewerkschaften fordern, für wünschenswert hält, so würde der richtige Ort dafür entweder eine Novelle zum BetrVG oder aber ein allgemeines Unternehmensgesetz sein. Dazu kommt die praktische Erwägung, daß man, wenn man der Aktienrechtsreform, die vor so vielen schwierigen und umstrittenen Fragen steht, auch noch die Neuregelung eines so umstrittenen sozialpolitischen Problems aufbürdet, die Gefahr heraufbeschwört, daß die Reform überhaupt scheitert oder doch stark verzögert wird.

Das schließt natürlich nicht aus, daß bei der Regelung des Aufsichtsrates die Vorschriften über die Mitbestimmung berücksichtigt werden, vielmehr ist das für eine klare, übersichtliche Regelung unbedingt erforderlich. Ferner bietet sich die Gelegenheit, einige besonders lästige Streitfragen zu entscheiden. Beidem trägt der Regierungsentwurf zum AktG und namentlich zu einem Einführungsgesetz Rechnung[23].

Sie sehen, es ist eine ganze Fülle von Forderungen, die an

---

[22] Vgl. die zitierte Entscheidung unter C I 3: „Aktienrechtliche Normen können nicht ohne weiteres als unvereinbar mit dem GG angesehen werden, auch wenn sie einen Mißbrauch nicht von vornherein ausschließen. Es kann sich dann nur darum handeln, ob wirksame Möglichkeiten zur Abwehr eines Mißbrauches zur Verfügung stehen." Siehe auch C II c (1) und (3).

[23] Näheres dazu bei Hueck RdA 1962 S. 396: Die Einwirkung der Aktienrechtsreform auf das Mitbestimmungsrecht.

das neue Gesetz oder richtiger an die beiden neuen Gesetze, das AktG und GmbHG, zu stellen sind. Hoffen wir, daß es gelingen möge, in absehbarer Zeit zwei Gesetze zu schaffen, die der Wirtschaft zweckmäßig geregelte Gesellschaftsformen als brauchbares Handwerkszeug zur Verfügung stellen, die die Erfüllung der großen wirtschaftlichen Aufgaben der Kapitalgesellschaften nicht hemmen, sondern fördern, die aber zugleich auch den wirtschaftspolitischen Forderungen unserer Zeit und vor allem den Forderungen sozialer Gerechtigkeit in ausreichendem Maße Rechnung tragen.